Mein großes Kritzel-Schnipsel Buch

Bibliografische Information der Deutschen Bibliothek
Die Deutsche Nationalbibliothek verzeichnet diese Publikation
in der Deutschen Nationalbibliografie.
Detaillierte bibliografische Daten sind im Internet
über *http://dnb.d-nb.de* abrufbar.

© 2013 Ravensburger Buchverlag Otto Maier GmbH
Postfach 1860 · 88188 Ravensburg
für die deutsche Ausgabe

Alle Rechte, auch die des auszugsweisen Nachdrucks,
der fotomechanischen Wiedergabe und der Übersetzung, vorbehalten.

Übersetzung aus dem Französischen: Silvia Bartholl
Redaktion: Melinda Ronto
Illustrationen: Vincent Boudgourd

Titel der Originalausgabe: Petit Cahier de Griffonage (spécial Mode)
Originalausgabe: 2009 Éditions Milan

Printed in Germany

4 3 2 1   16 15 14 13

www.ravensburger.de

ISBN 978-3-473-55662-5

Lass das! Mach das nicht! **Iss deinen Teller leer!** Finger weg von den Fensterscheiben! **Lass das Licht nicht brennen!** Häng nicht ständig vor der Glotze rum! **Verschütte kein Wasser!**

Es gibt 1000 Dinge, die du nicht tun sollst.

Aber **HIER**, mit

kannst du **kritzeln** und **schnipseln**, **durchstreichen**, **zerreißen** und **durchlöchern** … mach einfach alles, worauf du Lust hast.

Und dann kannst du alles auch noch **ausmalen**.

Auf geht's!

Lass deiner Fantasie freien Lauf! Tob dich so richtig aus!

Volle Kanne!

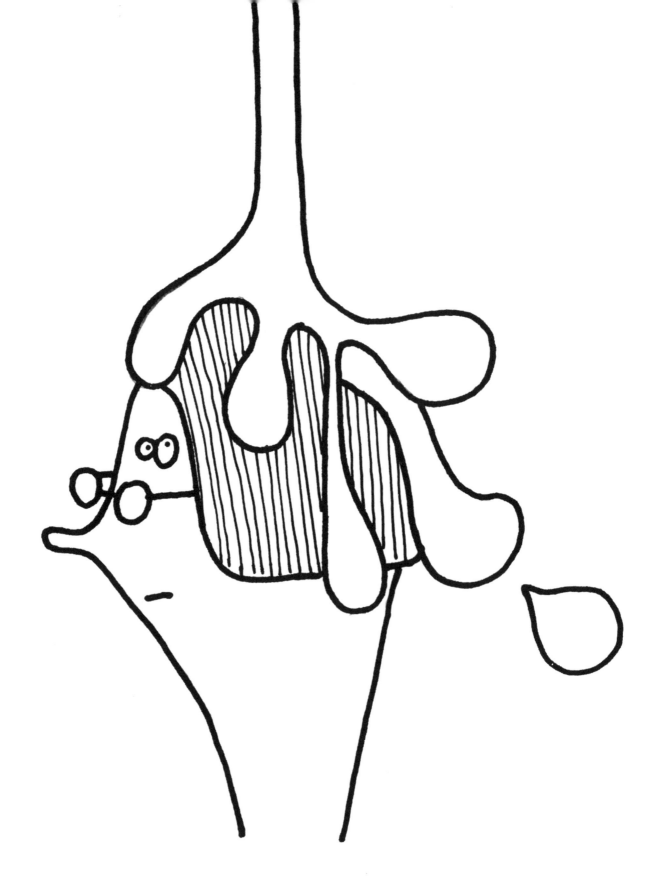

Dieser Dame tropft **Farbe** auf den Kopf.
Rote Farbe? Blaue Farbe? Oder grüne? Du bestimmst.

Volltreffer!

Spitze deinen Bleistift und verpasse dem Arzt eine **SPRITZE**.

Daraus wird kein Dornröschen!

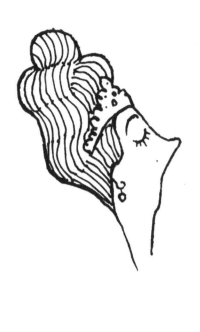

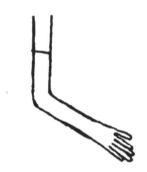

Zeichne der Prinzessin ein *total hässliches* Kleid.

So kann der Prinz lange warten!

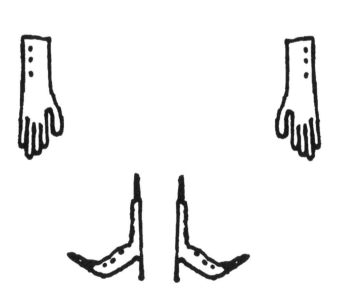

Steck den Prinzen in einen **völlig lächerlichen** Anzug.

Die Flöhe springen von allen Seiten auf den Hund.

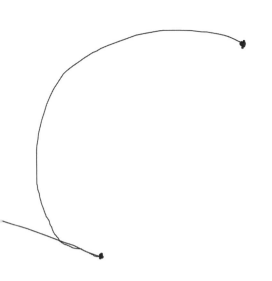

Ein Sack voll Flöhe

Fülle den Teller mit lauter **ekligen** Dingen.

Veilchen

Dieser kleine Schurke hat ein blaues Auge.

Die Hunde hinterlassen überall **Hundehaufen**. Zeichne sie auf die Seite.

Glücksbringer

Pass doch auf beim Essen!

Schmiere Papa Essen ins Gesicht.

Kleckere nicht!

Mamas Bluse ist vollgespritzt.

Ganz nach Belieben

Das macht man aber nicht! Der Junge klebt einen **Kaugummi** unter den Schreibtisch. Zeichne ihn.

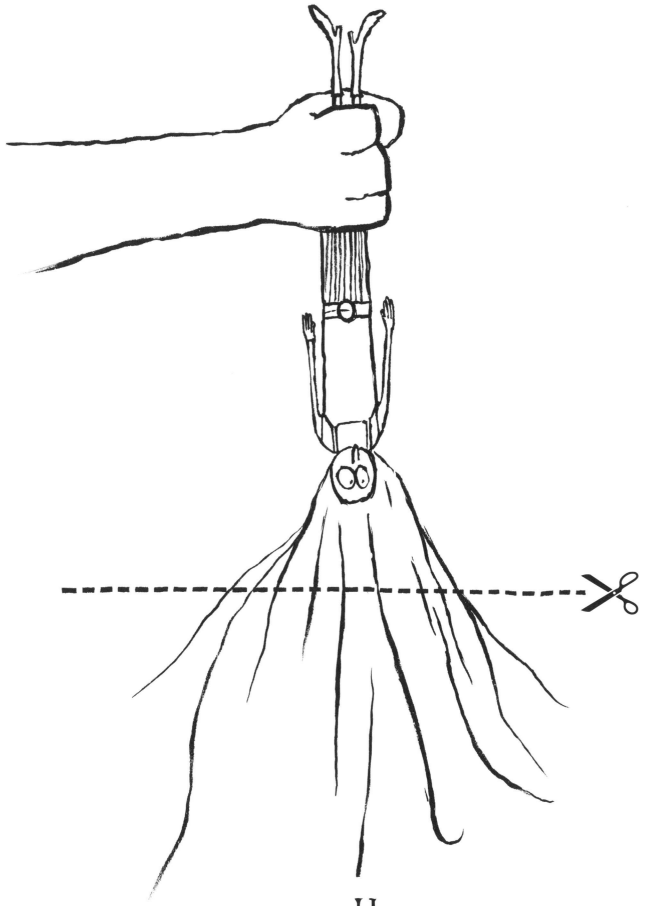

Ratzfatz ab!

Schneide der Puppe die Haare.

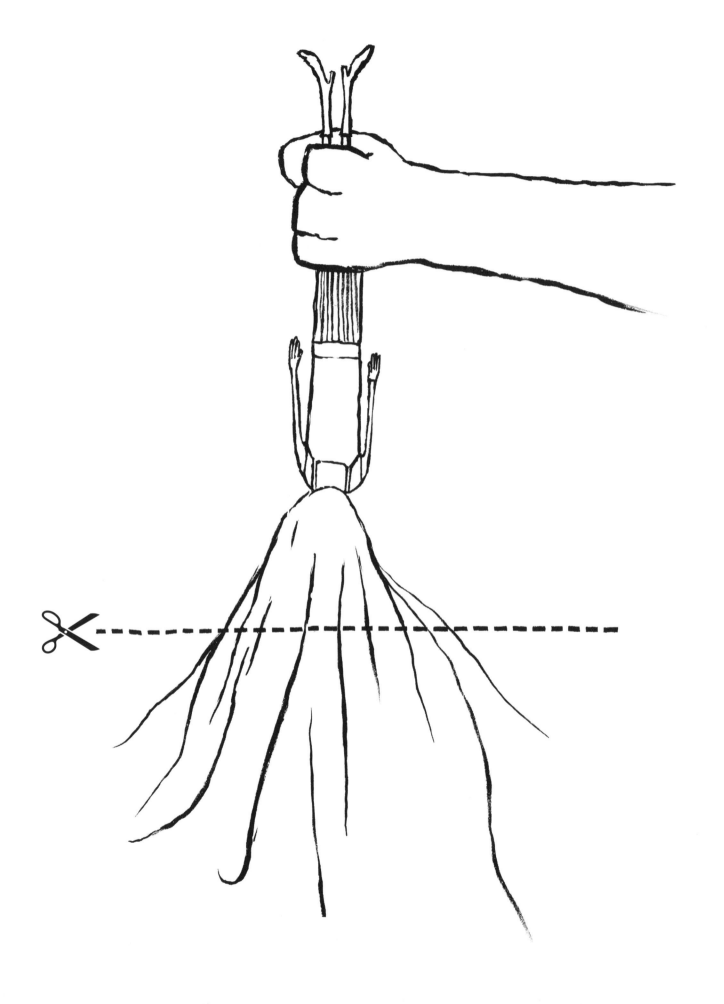

Lass Wasser auf die Katze
    t
      r
    o
     p
   f
    e
  n
 .

Katzenwäsche

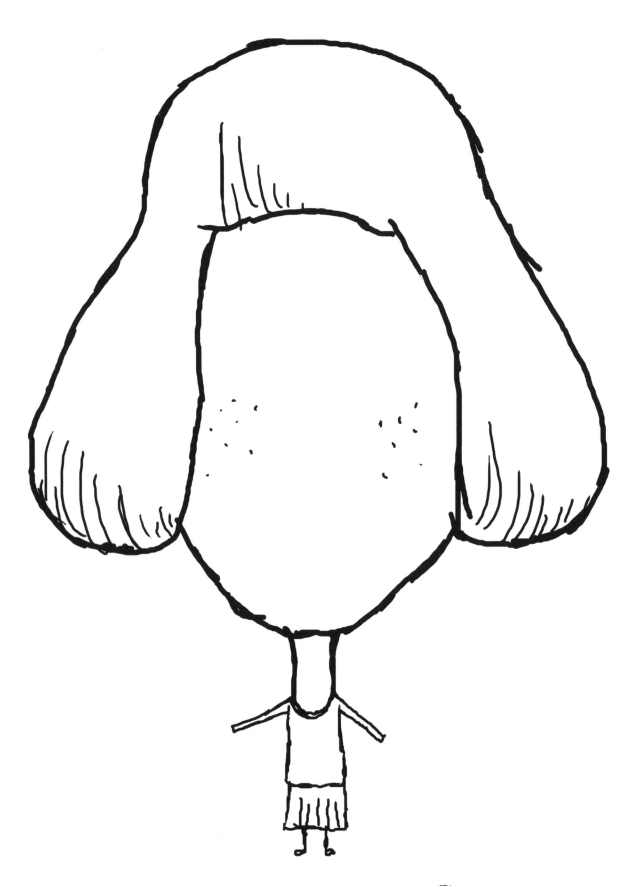

Diese reizende Person zieht eine fürchterliche Grimasse.

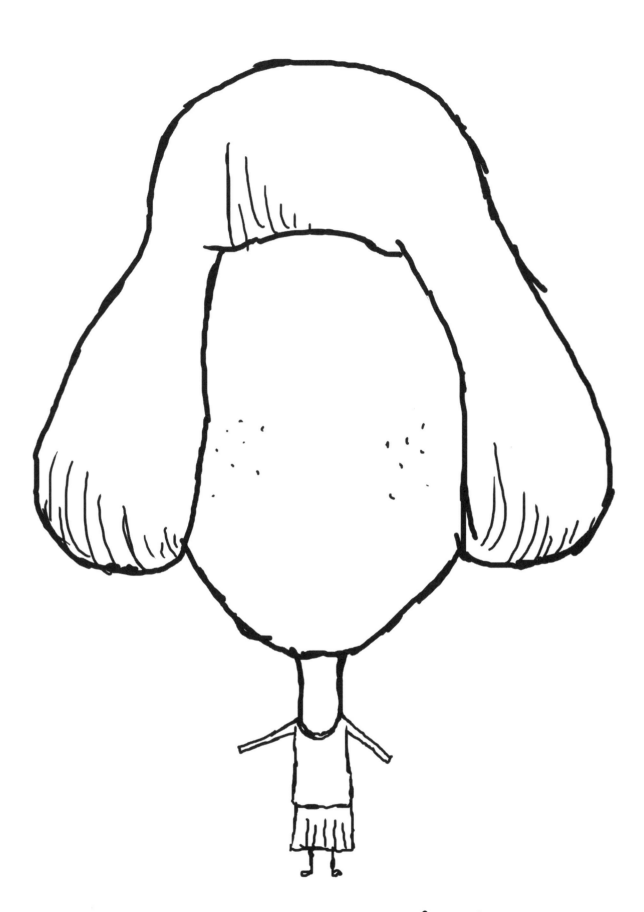

Ohrfeigengesichter

Und noch eine, das macht richtig Spaß!

a b c d e

Zeichne mit einem weißen Buntstift heimlich etwas an die *Wandtafel*.

Schulalltag

Fleischbeilage

Verfeinere Papas Suppe mit **3 Regenwürmern**!

Schwarzer Humor

Male das Kostüm des Clowns schwarz an.

Schiffchen auf dem See

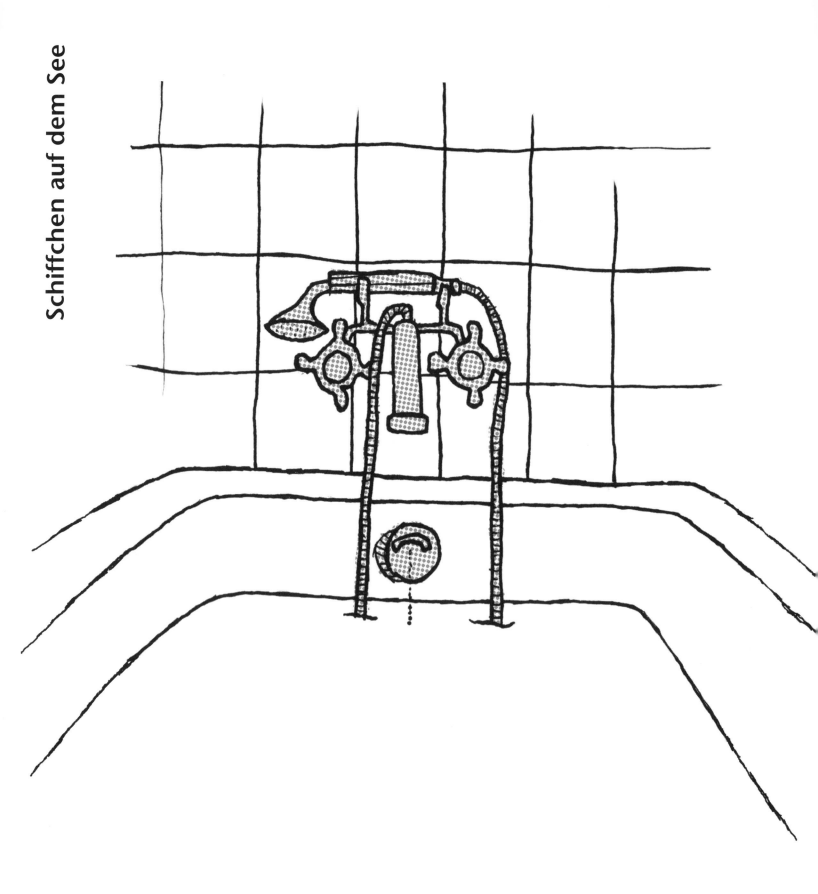

Was schwimmt da in der Badewanne?

Bahn frei!

Wenn du die gestrichelte *Linie* entlang fährst und umblätterst, hast du den Salat.

Dracula

Lange spitze Zähne,
schwarzer Umhang,
krumme Fingernägel –
fertig ist der Vampir.

Male deine Lippen mit Lippenstift an

und mache die Seite mit *Kussmündern* voll.

Bussi, Bussi

Zeichne der Metzgerstochter
eine **Schweineschnute** und *Schweinsfüße*.

Bitte sehr!

Deine Lieblingssendung im *Fernsehen*!

Bizzelt es?

Male *Blubberblasen* in den Saft.

Blinde Wut

Schrei noch viiiiel lauter – hänge einfach ein paar A's dran.

Blütenpracht

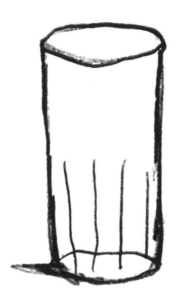

Zeichne einen **bunten Strauß** deiner Lieblingsblumen.

Abrollen und *abrollen* und *abrollen* ...

Voll von der Rolle

Rache ist süß.

Verpasse dem Arzt die **WINDPOCKEN**.

Süße Träume …

Zeichne dich, wie du im **Bett** deiner Eltern schläfst.

Stopp!

Zeichne dem Mann eine RiesenkaugummiBLASE

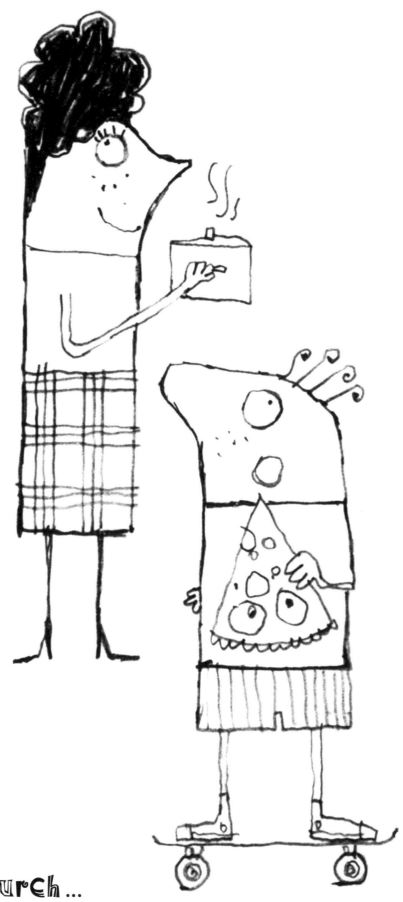

Ein Happen für Zwischendurch...
Zeichne weitere Personen und was sie Leckeres essen.

Mmmm, lecker!

Mund halten!

Klebe der Lehrerin ein **PFLASTER** auf den Mund.

Auf wen **pinkelt** dieser Hund? Du entscheidest.

Hauptgewinn

Tattoo

Nichts zu tun? Dann *bemale* doch einfach deinen Arm.

Strecke den andern Autofahrern die **Zunge** heraus.

Musterhaft!

Gestalte die **Klobrille** mit einem Muster.

Wunschzettel

Schreibe deinen **Vornamen** auf sämtliche Weihnachtsgeschenke.

Autofreak

Das Auto deiner Eltern bekommt einen neuen Anstrich.

Krötenschleim

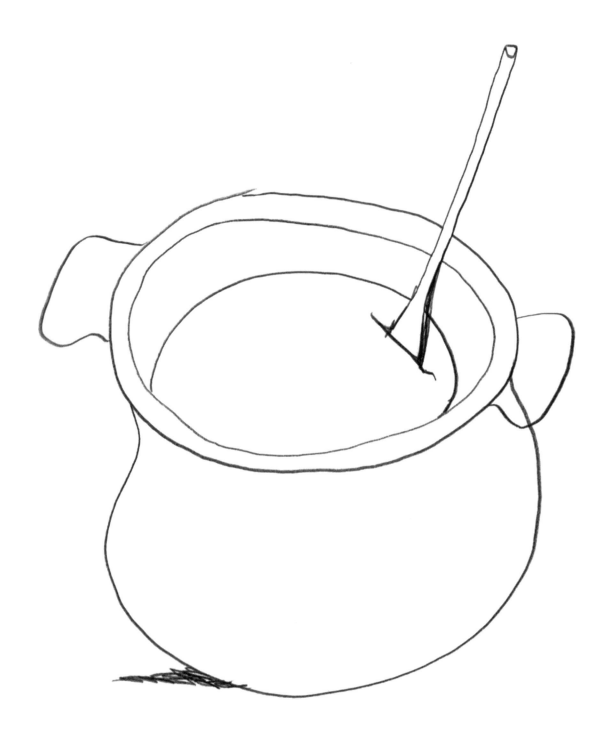

Im Topf brodelt ein ekelhafter Trank.

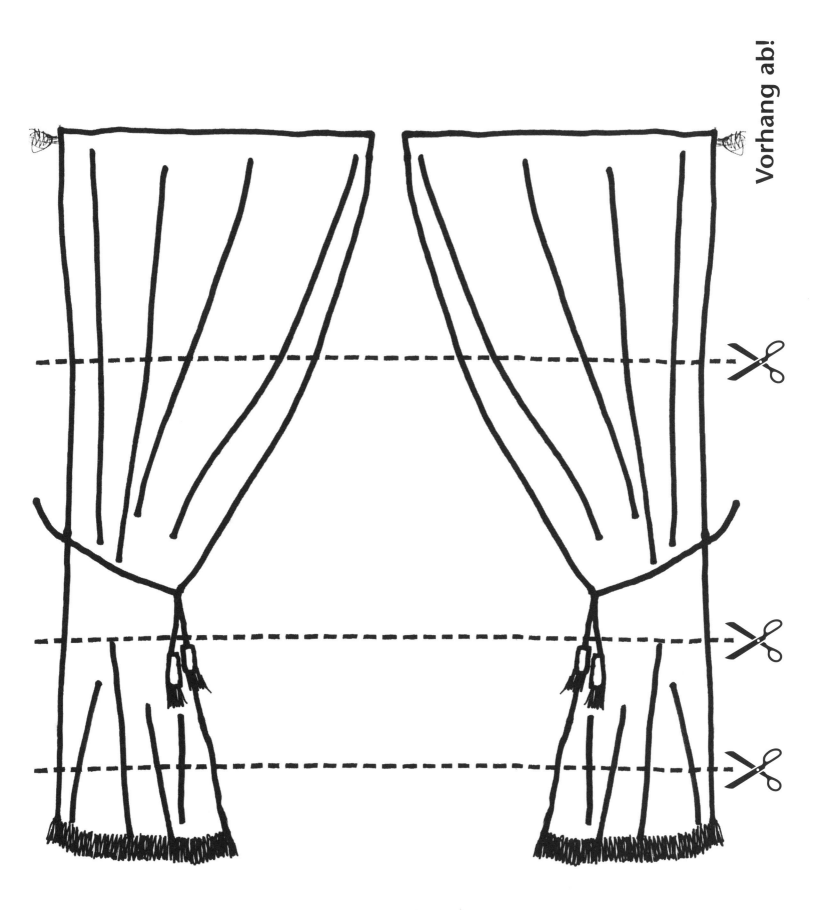

Zerschneide den Vorhang.

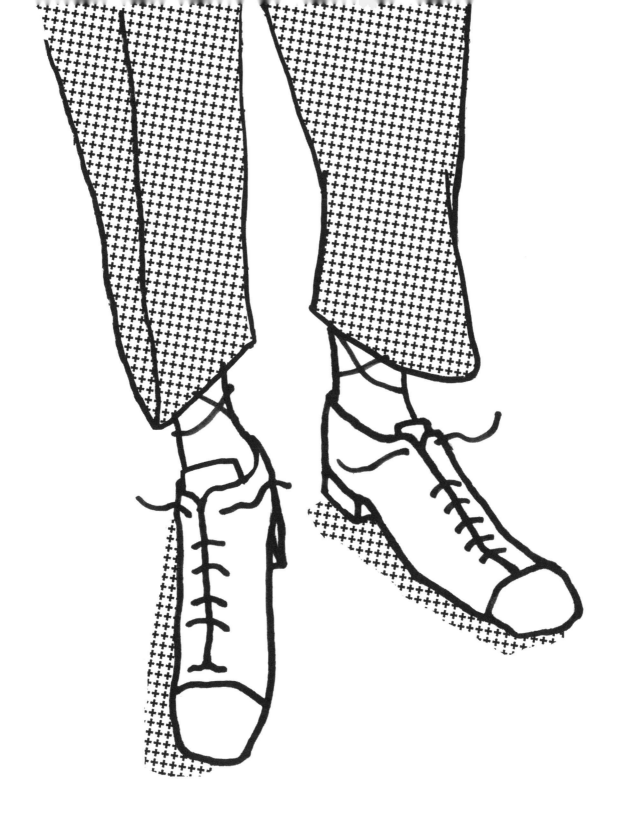

Mit links!

Verknote die Schnürsenkel.

Welcher **Unsinn** geht dir gerade durch den Kopf? Los, zeichne!

Joker

Pfui Spinne!

Im Bett dieses braven Kindes sitzt eine **Spinne**.

Sonderangebot

Fülle den Einkaufswagen mit Bonbons.

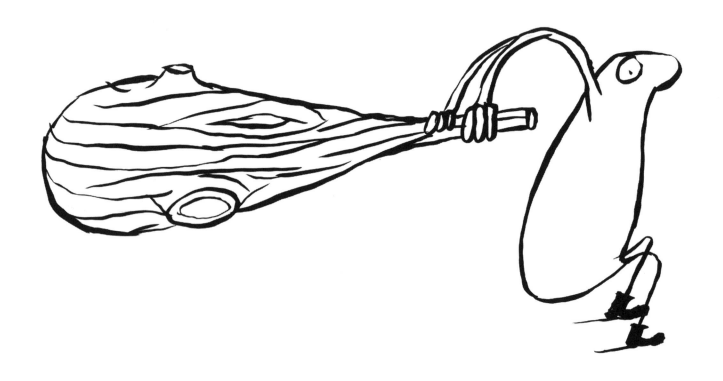

Vorsicht – was geht kaputt?

Schlagkräftig

Hände hoch!

Zeichne eine **Karotte** in die Mündung der Pistole und eine **Blume** in die Pfeife des Polizisten.

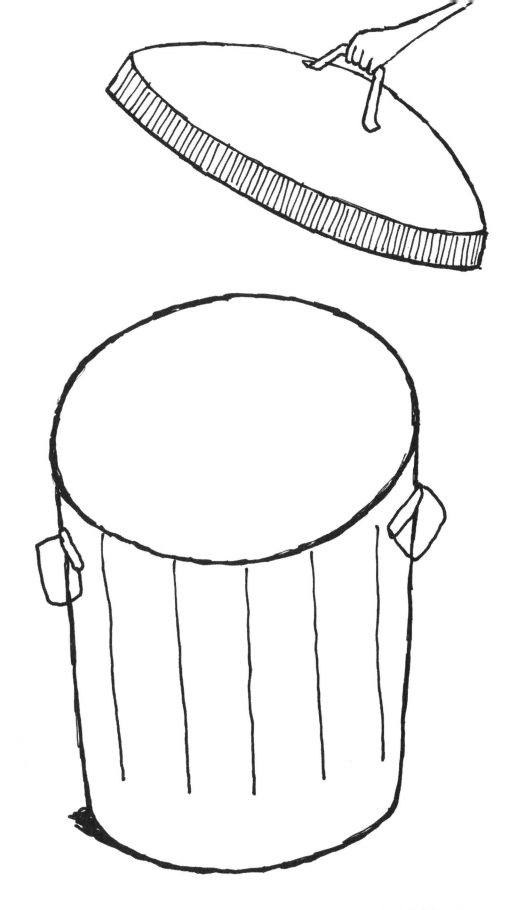

Schmeiß alles, was du nicht magst, in den Müllleimer.

Müllschlucker

Kratzbürste

Zeichne der Dame einen *Schnurrbart*.

Dieser Frau hier wächst ein *Bart*.

Na und?

Streuselkuchen

Dieser Mann hat lauter Pickel auf der **Nase**.

Aufgewacht!

Lass alle Wecker gleichzeitig klingeln.

Rekordverdächtig

Wie viele *Eiskugeln* passen in die Waffel?

Eis des Jahres

Erfinde eine neue Eissorte.

Ordentlich gepfeffert

Würze das Törtchen mit viel Pfeffer.

Füße auf den Boden!

Stell deinen Fuß auf diese Seite und zeichne den Umriss.

Zeige dem **Wolf** den Weg,

Ein kleiner Waldspaziergang …

damit er das Rotkäppchen finden kann.

Zahn um Zahn

Dieser Zahnarzt hat ganz schwarze ZÄHNE.

Verpasse diesem Verkehrspolizisten eine lustige **VERKLEIDUNG**.

Vorfahrt frei!

Wähle alles aus, was du aus dem Spielwarengeschäft haben möchtest.

Zum Geburtstag viel Glück!

Alle sehen rot!

Stelle alle **Ampeln** auf Rot, damit keiner mehr fahren kann.

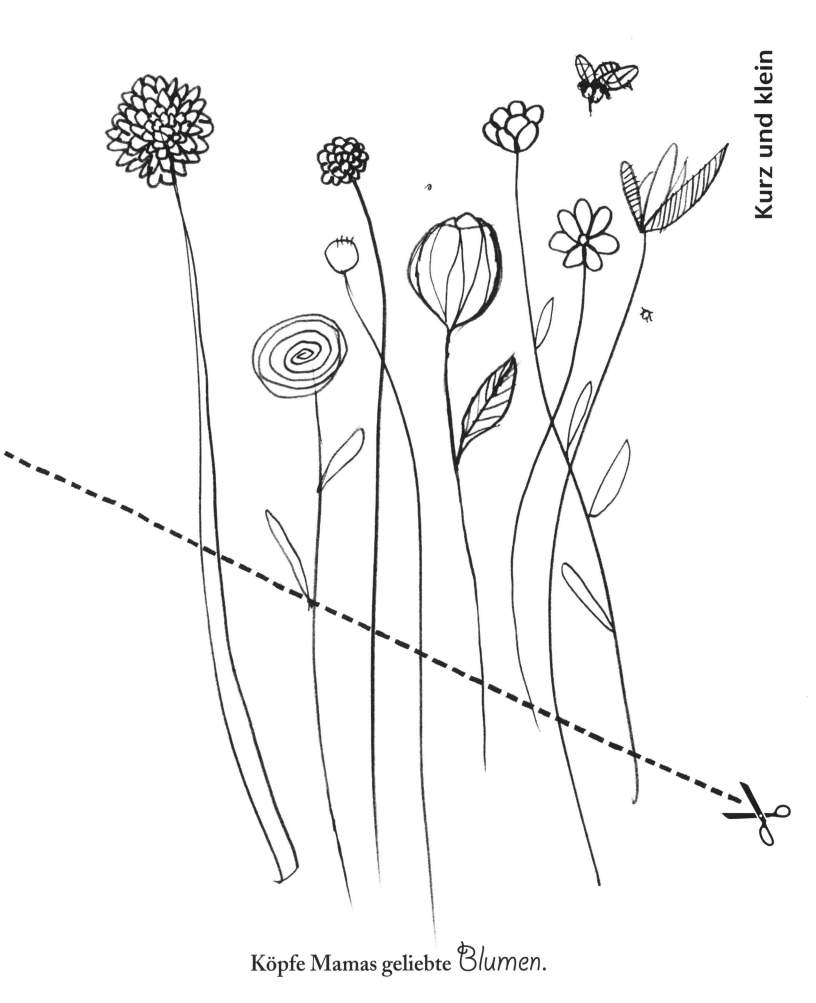

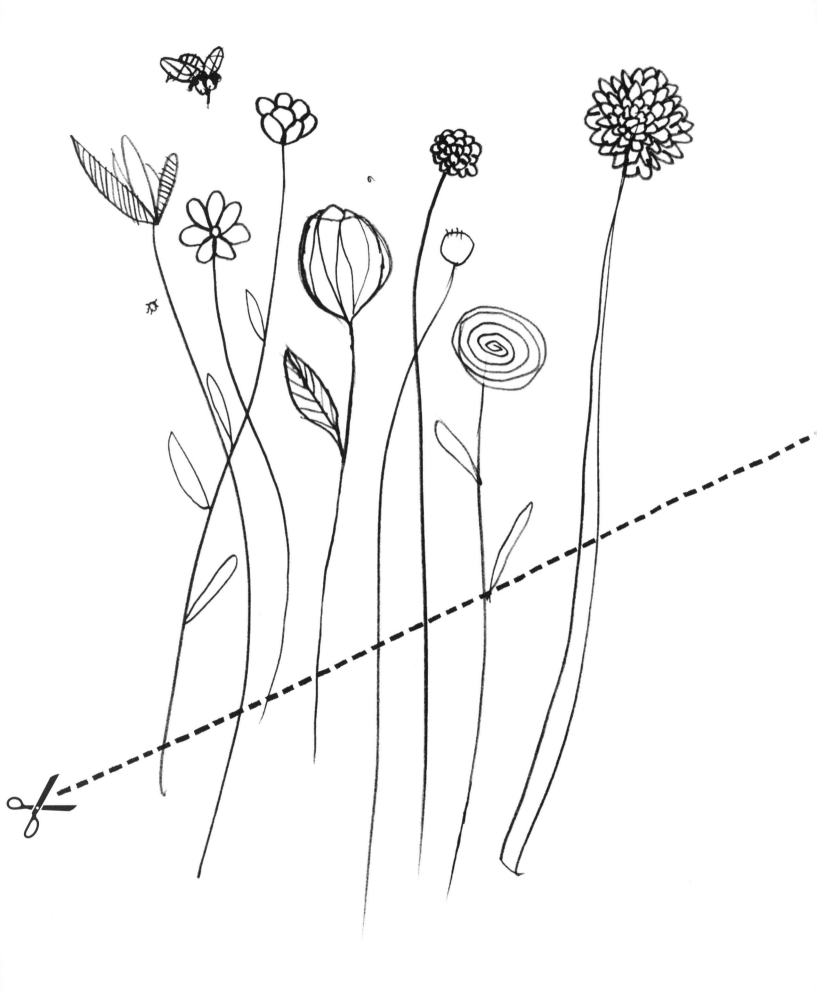

Äußerst originell

Rote *Katze*, grüner **Hund**, rosa *Elefant* und gelbes Mädchen ...

Sabotage!

Mach mehrere **Knoten** in den Feuerwehrschlauch.

Achtung! Rutschgefahr!

Zeichne eine **Bananenschale** auf den Boden. Dann blättere um.

Das gibt Ärger!

Sehr geehrter Herr Rumpeldiekatz,

es ist uns ein Anliegen, Ihnen zu dem erfolgreich abgeschlossenen Großprojekt zu gratulieren!

Als Zeichen unserer Anerkennung möchten wir Sie und Ihre reizende Frau Gemahlin ins Schlosshotel Winterburg***** einladen, wo der Drei-Sterne-Koch Klaus F. Anderboden mit einem mehrgängigen Menü aufwartet.

Gerne erwarten wir Sie am 21. September um 19 Uhr in der Lounge des Schlosshotels.

Klaus Sondermann
Direktor

Kritzele auf Papas wichtigen Unterlagen herum.

Bemale die weißen Wände des Zimmers.

Wandmalereien

Regenbogen

Eine Krawatte mit violetten, gelben und braunen Streifen.

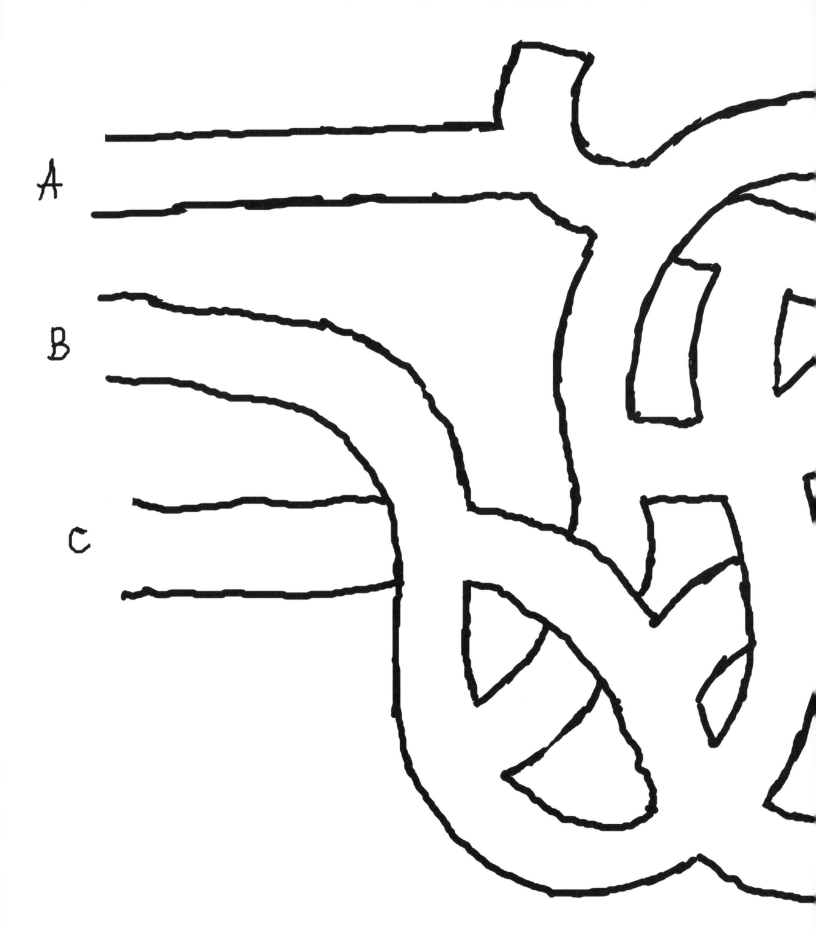

Für welchen Schulweg brauchst du am *längsten*?

Schule schwänzen

Hippie

Zeichne der Giraffe lange Haare.

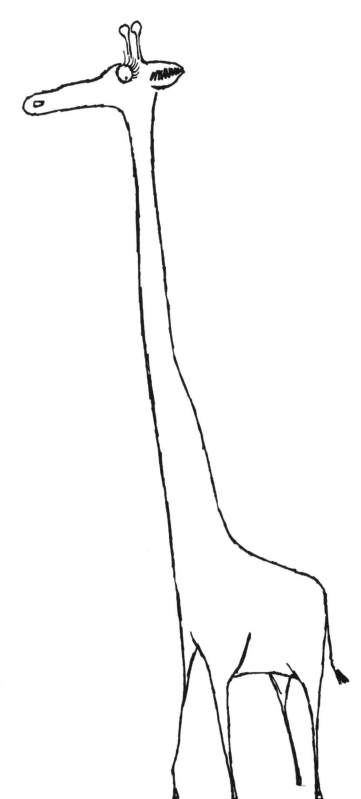

Doofe Kuh!

Male dem Löwen ein geflecktes *Kuhfell*.

Komischer Kauz

Der Esel wünscht sich *Flossen*.

Engpass

Wer steckt da im **Kamin** fest?

Zu heiß geföhnt

Verpasse dem Friseur eine völlig lächerliche Frisur.

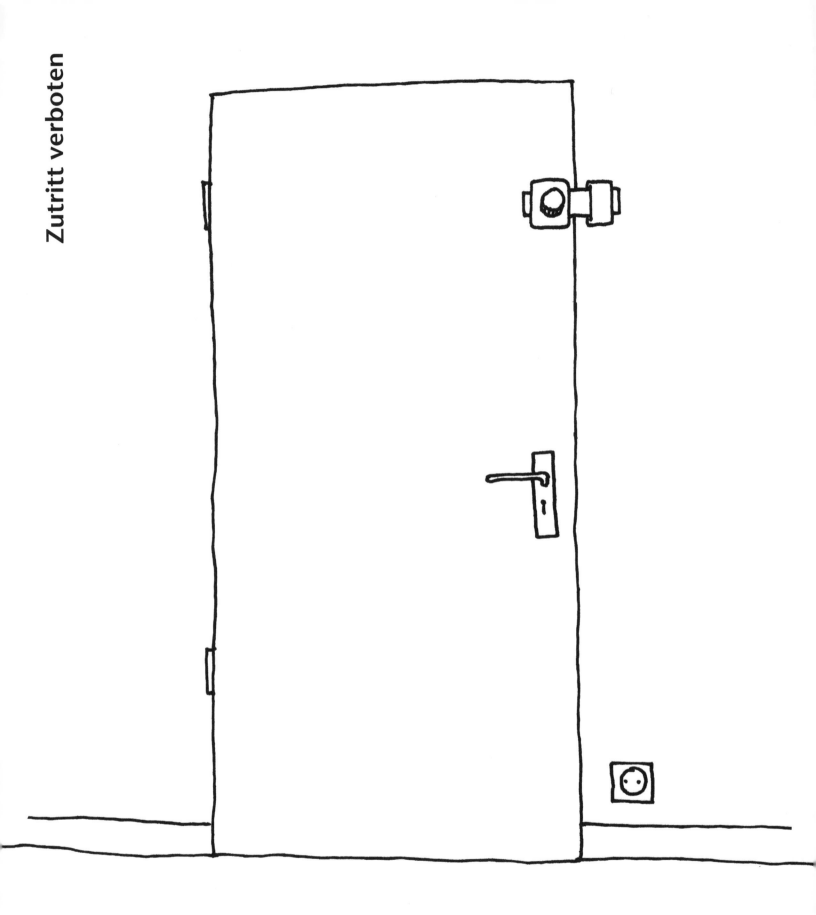

Bring an deiner Zimmertür *Sicherheitsschlösser* an.

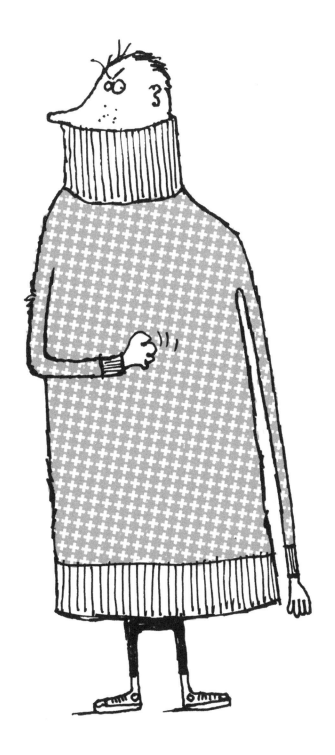

Juckpulver

Durchlöchere den *kratzigen* Pullover.

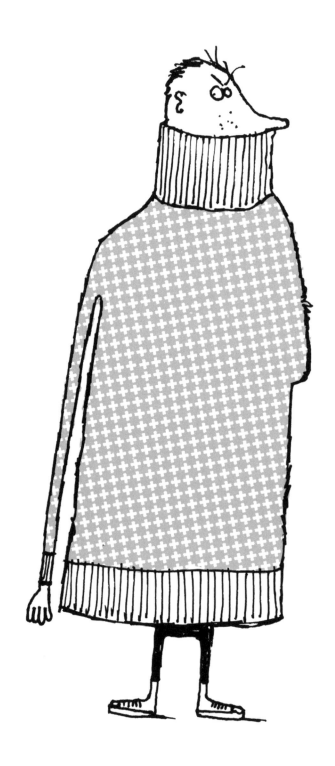

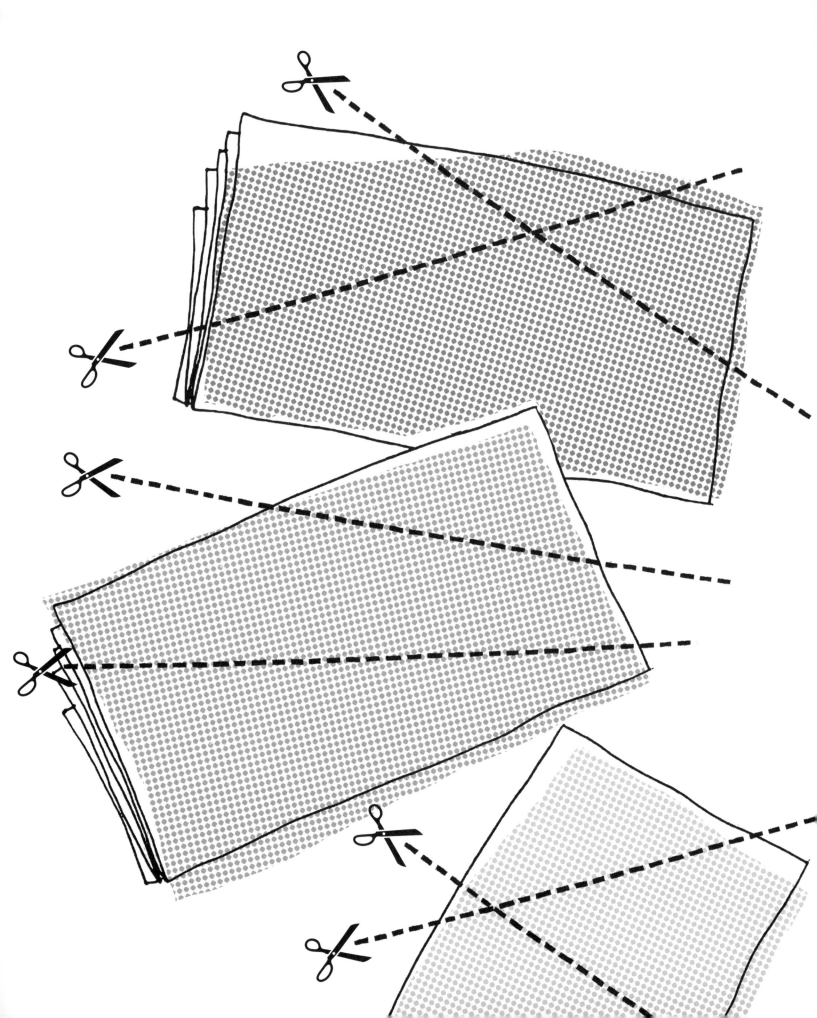

Feuriges Pferd

Male das *Pferd des Königs* von der Mähne bis zum Schwanz rot an.

Schwarz auf weiß

Färbe die ganze Seite **schwarz** ein.

Verkehrte Welt I

Male den *Himmel* braun
und die $\mathcal{E}$rde blau an.

Male die Rose kastanienbraun und die **Kastanie** rosa an.

Verkehrte Welt II

Poesie

Zeichne unseren blauen Planeten wie eine Orange.

UFO

Der kleine Delfin wird grün und das *Marsmännchen* grau.

Abrakadabra

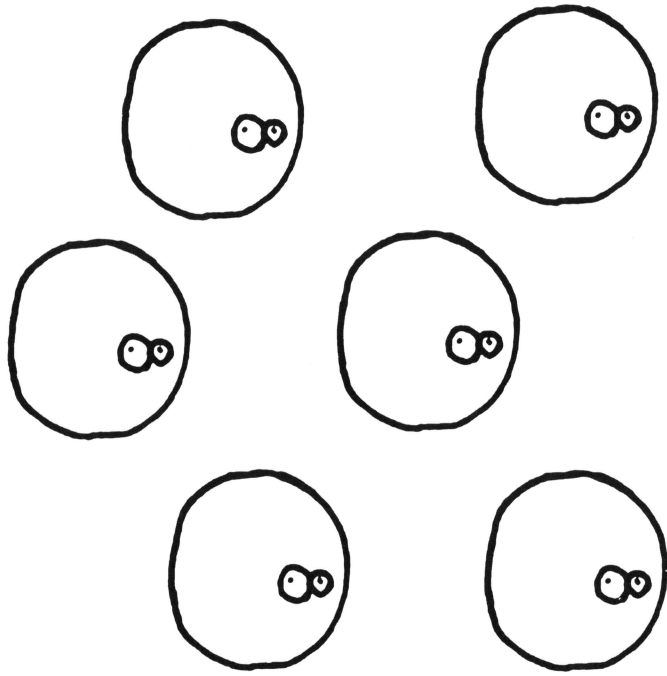

Rote Erbsen

In welcher Flüssigkeit wird der kleine Wurm gleich gebadet?

Badewasser

Statte diese Menschen am Strand mit **Mützen** und **Fäustlingen** aus.

Sommer wie Winter

Haltet den Dieb!

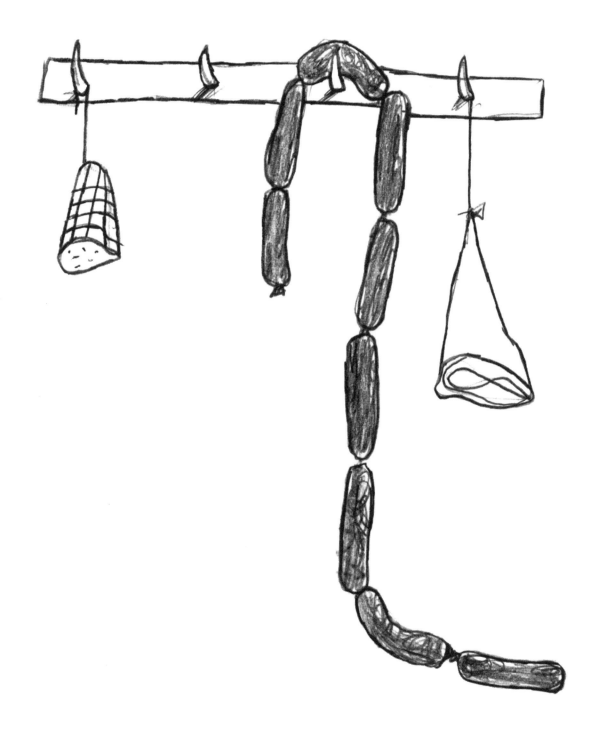

Wer *klaut* hier gerade die Wurstkette?

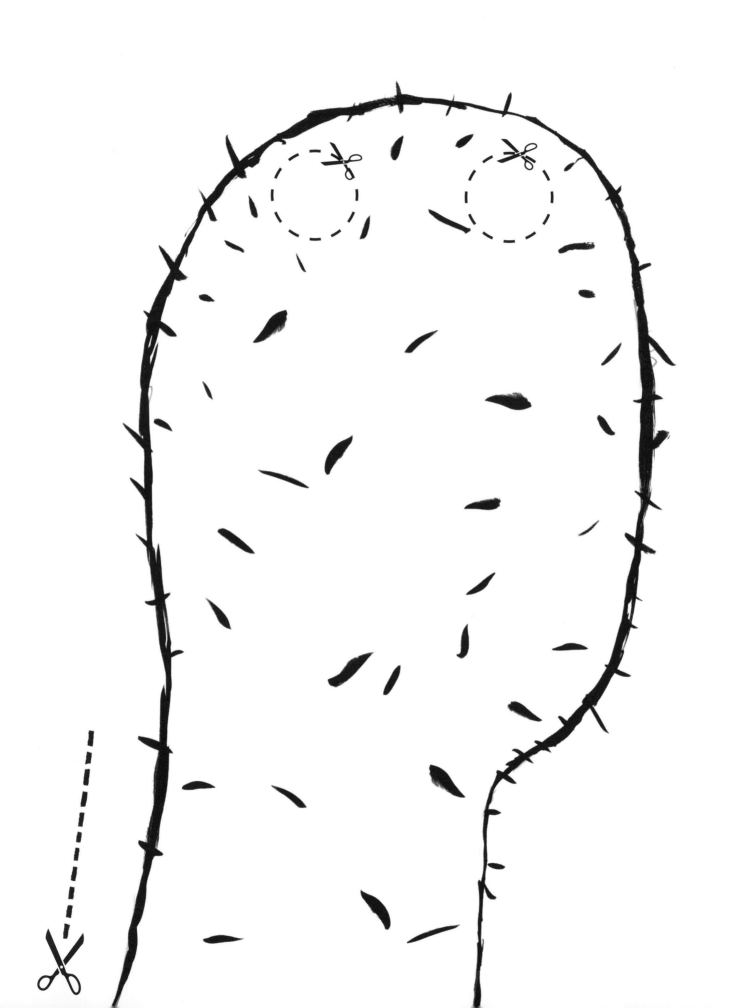

Wünsch dir was

Setze Kerzen auf den Kuchen, so viele du willst. Und – wie alt bist du?

Male den Eiern lustige Gesichter.

Mindestens haltbar bis …

Fliegen fliegen aus dem Kühlschrank!

Dumm gelaufen

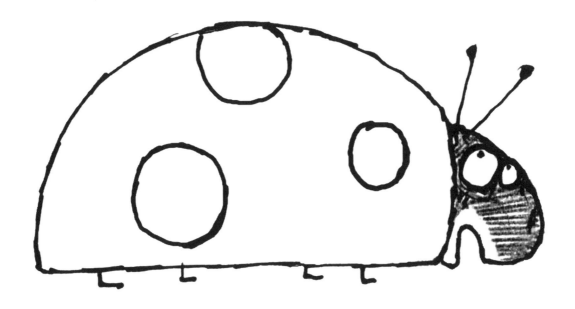

Gleich wird dieser Marienkäfer von einem Schuh zertreten …

Ein **dicker** *Fisch* frisst den kleinen …

Nahrungskette

… der von einem Wal verschluckt wird.

Hä?

Dieser Tennisspieler spielt mit einem **viereckigen** Ball.

Mauseloch

Bohre große und kleine Löcher in den **Käse**!

So ein Unfug!

Ups, jetzt ist der Ball kaputt!

Fülle den **TANKER** mit Orangensaft.

Bitte volltanken!

Zeige dem Ausbrecher den Weg, damit er sich aus dem Staub machen kann.

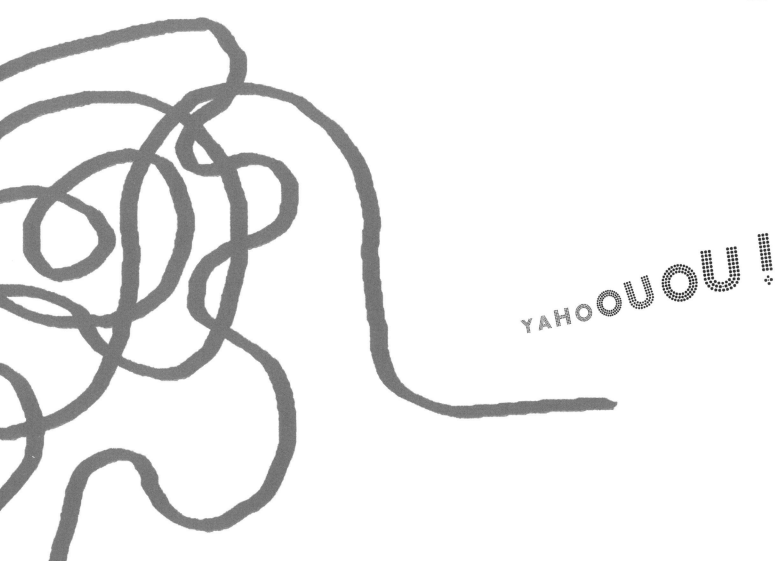

Notausgang

Hoch lebe die Braut!

Kritzele das wunderschöne *Brautkleid* voll.

Scherben bringen Glück.

Zeichne Risse in die Gläser.

Hier ist Platz für das *allerallerallerhässlichste* Bild.

Würg!

Ein Tier, das jedermann **Angst** einflößt.

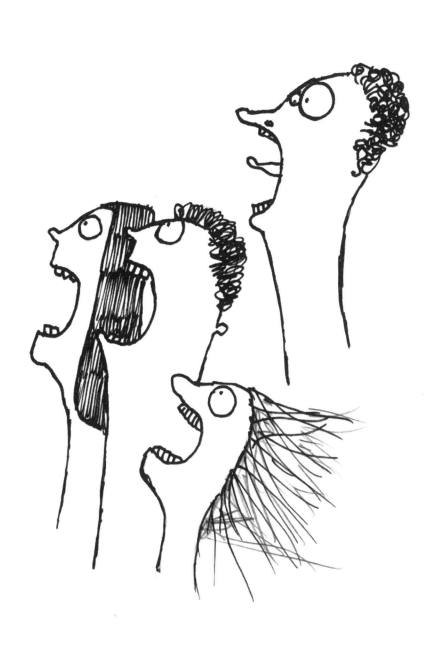

Oh Schreck!

Diese $\mathcal{Schnecken}$ haben es auf Papas Salatköpfe abgesehen.

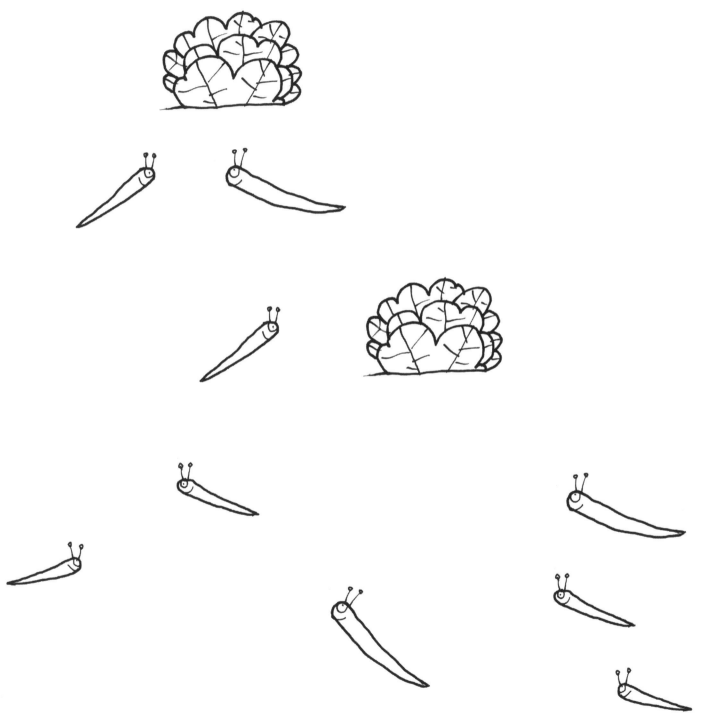

Schneckenalarm

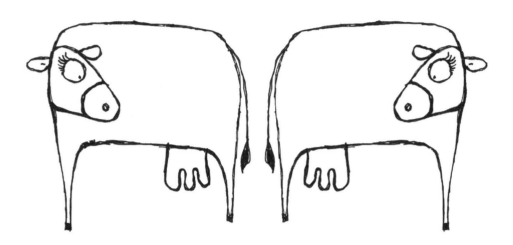

Male den Kühen lustige Muster auf das Fell.

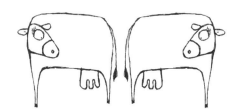
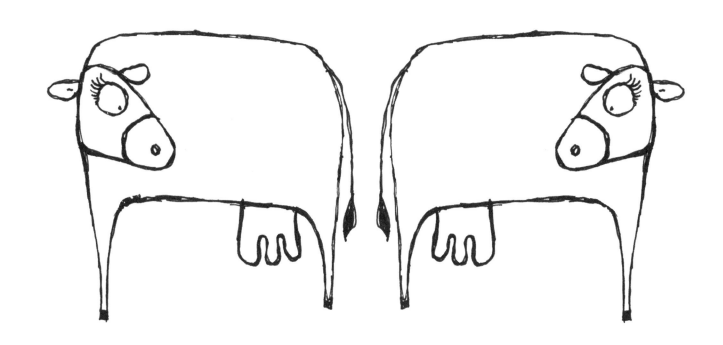
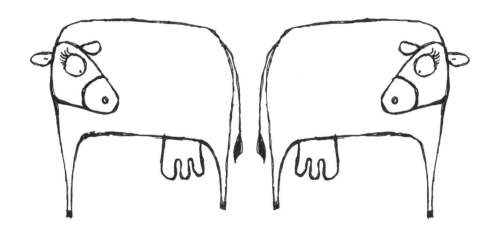

Mustermix

Affentheater

Der Pavian hat einen rosaroten Hintern.

Überraschung!

Auf der Tür steht ein gefüllter **Wassereimer**.
Was danach geschieht, siehst du auf der nächsten Seite.

Designer am Werk

Bemale das
T-Shirt.

Hör zu!

Vervollständige das Gesicht des Mannes:

Verpasse ihm **_riesige_** Ohren und eine Knollennase.

Puh, das stinkt, schnell weg hier!

Duftspuren

Zeichne die **Fußspuren**.

Kette das **Känguru** an die Kugel.

Klotz am Bein

Bauchlandung

Wer bringt den Hund zum Fliegen?

Bitte lächeln!

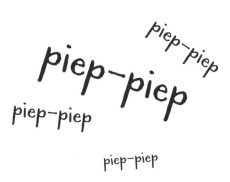

Gleich kommt ein **Vögelchen** aus dem Apparat.

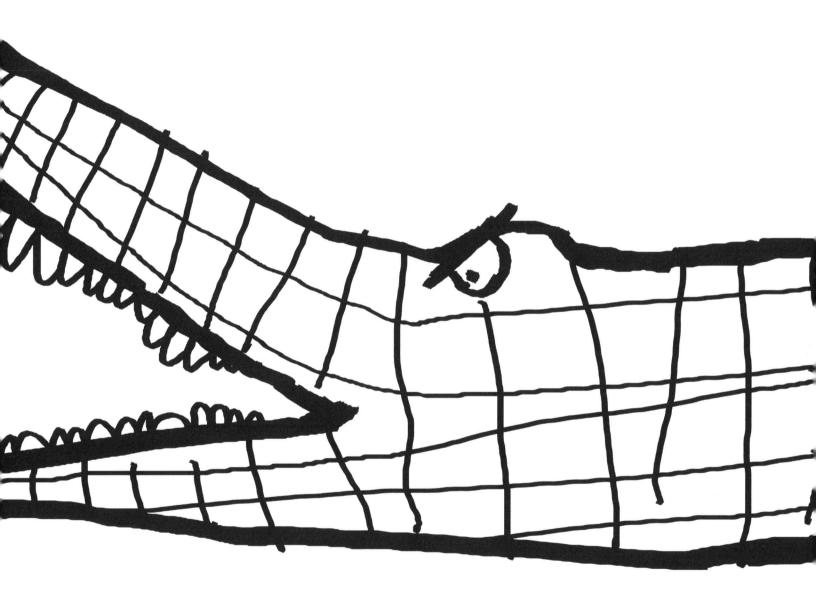

Schnapp!

Was steckt im Maul des Krokodils?

Fettnäpfchen

Zeichne die **allergrößte Dummheit**, die du je begangen hast.

Fettnapf

Welche **Riesendummheit** würdest du gerne noch anstellen?

Reiß die letzten Seiten des Buches heraus.

Schluss. Ende. Aus die Maus.